지금은 여행 중입니다

지금은 여행 중입니다

펴낸날   초판 1쇄 2025년 6월 20일

지은이   정은영
펴낸이   서용순
펴낸곳   이지출판

출판등록   1997년 9월 10일
등록번호   제300-2005-156호
주소   03131 서울시 종로구 율곡로6길 36 월드오피스텔 903호
대표전화   02-743-7661   **팩스** 02-743-7621
이메일   easy7661@naver.com
글씨·그림   정은영
창작지도   윤보영감성시학교
디자인   김민정
인쇄   ICAN
물류   (주)비앤북스

ⓒ 정은영 2025, Printed in Seoul, Korea

값 13,000원

ISBN 979-11-5555-254-4 03810

※ 잘못 만들어진 책은 교환해 드립니다.

지금은 여행중입니다

정은영 감성시집

이지출판

● **추천의 글**

  정은영 시인의 시 속에는 묘한 끌림이 있습니다. 시에 담긴 사랑 때문인 것 같습니다. 그 사랑은 새로운 발견으로 다가왔다가 다시 따뜻한 그리움이 되곤 합니다.

  정은영 시인과는 2019년 휴이야기터에서 개최된 '전국 옹기항아리캘리' 행사에서 캘리그라피 작가로 처음 만났습니다. 그때 만남이 지금까지 이어지는 걸 보면 당시 정은영 작가는 항아리에 윤보영 시인의 감성시만 적은 것이 아니라 만남으로 이어질 수 있는 여운까지 적은 게 분명합니다.

  정은영 작가의 캘리그라피 작품은 강한 힘과 부드러운 느낌이 함께 담겨 작품을 바라보는 사람을 따뜻하게 만듭니다. 그 능력에 감성시를 더했으니 앞으로 왕성한 활동이 기대됩니다.

정은영 시인처럼 캘리그라피 작가가 감성시집을 발간하면 유리한 점이 많습니다. 저작권 걱정 없이 자신의 글을 마음껏 쓸 수 있을 뿐만 아니라, 강의에 사용되는 언어 자체가 시적 감성과 접목되어 수강생들이 강의 내용을 쉽게 이해할 수 있게 됩니다.

앞으로 캘리그라피 강사에서 감성시를 배우고 싶어 하는 사람들에게 시 쓰기 지도를 할 수 있는 강사로도 활동하게 될 것입니다. 그 활동에 먼저 감성시를 쓴 작가로서 제가 힘을 보태겠습니다. 더불어 이 시집이 발간될 수 있도록 도와 주신 가족분들에게 감사드립니다.
  고맙습니다.

2025년 6월
윤보영감성시학교가 있는 '휴이야기터'에서
커피시인 윤보영

● 시인의 말

살아가는 동안,
문득 내 안에서 무엇이 피어나고 있었는지
알아차리지 못할 때가 많았습니다.
그저 흔들리며, 때로는 숨 가쁘게
주어진 길을 걸었습니다.

걷다 보니 어느새
작은 꽃들이 피고 지며
동글동글한 열매를 맺었더군요.
그것이 저의 시가 되었습니다.

혼자 걸어온 길이라 생각했는데,
돌아보니 가슴 한편에
언제나 '그대'를 품고 있었습니다.
그 따뜻한 마음들이 있었기에
쓰러지지 않고 다시 펜을 들 수 있었습니다.

이 시집은 어쩌면
그 '그대'들에게 보내는
늦었지만 따뜻한 안부입니다.

부디 이 작은 열매들이
당신의 길 위에도
가만히 놓여
작은 위로가 되기를 바랍니다.

이 시집이 세상에 나오기까지
따뜻한 격려와 도움을 아끼지 않으신
모든 분들께 깊은 감사를 드립니다.

2025년 6월
정은영

차례

추천의 글_ 윤보영 커피시인 · 4
시인의 말 · 6

제1부 나를 웃게 만드는 그대

맥문동 · 14
촛불 · 16
돌담 · 18
사랑이란 · 20
꽃밭에서 · 22
기다리는 밤 · 24
꿈 · 26
들꽃 · 28
산수유 · 30
수묵화 · 32
백야 · 34
4월의 봄 · 36

사랑 · 15
이슬 · 17
덩굴 · 19
꽃피는 날에는 · 21
별 · 23
우리 · 25
모란 · 27
제비꽃 · 29
캘리그라피 · 31
앵두 · 33
봄밤 · 35
너를 사랑한다는 것 · 37

제2부 버스킹, 그 거리의 멜로디

꽃이 된다는 것 • 40
그리움 1 • 42
빗소리 • 44
미소 • 46
나비효과 • 48
청춘 • 50
별과 나 • 52
깨어나라 희망 • 54
거리두기 연습 • 56
사랑에 대하여 • 58
틈 • 60
몽당연필 • 62

너에게 가는 길 • 41
그리움 2 • 43
봄비 • 45
비타민 • 47
실수 • 49
너와 나의 온도 • 51
해볼려고 • 53
밀당의 고수 • 55
향기 • 57
어린 딸에게 • 59
산다는 것 • 61
버스킹, 그 거리의 멜로디 • 63

제3부 내 안에 핀 그대라는 꽃

손안의 이야기 • 66
책갈피 • 68
짜장면 가게 앞에서 • 70
보름달 1 • 72
사랑은 그네 • 74
해바라기 • 76
도넛과 커피 • 78
가을바람 • 80
단풍 • 82
낚시 • 84
늘 곁에 맴도는 • 86
꽃이 핀다 • 88

인생 커피 • 67
담쟁이넝쿨 • 69
거울처럼 • 71
보름달 2 • 73
그대라는 꽃 • 75
닮은꼴 • 77
그대 웃는 얼굴 • 79
봄이 오는 소리 • 81
코스모스에게 • 83
은방울꽃 • 85
나를 찌르는 가시 • 87

제4부 길을 가다 민들레에게 묻다

풍선 • 90
수박 • 92
파도 • 94
가을비 내리던 날 • 96
낙엽 1 • 98
친구에게 • 100
소나무 • 102
민들레에게 묻다 • 104
조건 • 106
겨울에 만난 단풍 • 108
빨래 • 110
겨울의 농도 • 112

고백 • 91
여름 감기 • 93
가을비 내린 후 • 95
나뭇잎 엽서 • 97
낙엽 2 • 99
짝사랑 • 101
목련 • 103
하루 • 105
돌탑 • 107
지금은 여행 중입니다 • 109
은행잎 • 111

제5부 훗날, 그 길 위에서

지나간 자리 • 114
나이 듦에 대하여 • 116
훗날, 그 길 위에서 • 118
그냥, 툭 • 120
금둔사 • 122
길치 1 • 124
발자국 • 126
엘리베이터 • 128
연병장에서 • 130
함께 • 132
약속 • 134
참을 수 없는 존재의 가벼움 • 136
행복한 엔딩 • 138

노을 • 115
초록색 블라우스 • 117
과속 • 119
매화 • 121
모닥불 • 123
길치 2 • 125
둘레길 • 127
새우튀김 • 129
비밀번호 • 131
엄마를 그리며 • 133
선물 • 135
기다린다는 것 • 137
베개 • 139

제1부

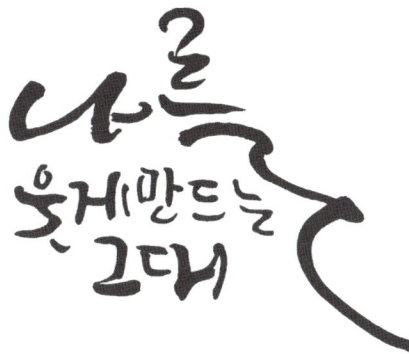

맥문동

흔들리며 살다 보니
꽃이 피었는지도 몰랐다

숨 가쁘게 걷다 보니
저 혼자 열매를 맺었다

안부조차 미뤄 둔 얼굴들이
동글동글 영글었다

그대를 가슴에 품고
길을 걷는 동안에.

사랑

한 사람을
사랑한다는 것은
또 다른 우주 속으로
뛰어드는 것
그 속에 들어가
나도 그와 하나 되는 것이다.

촛불

작은 촛불 하나 켜고
밤톨 같은 아이들
옹기종기 모였다

손가락을 들어올려
마주 포개고
나는 강아지
너는 고양이
그림자 만들어 놀던 시간
추억 하나 새기는 밤

추억에
불이 켜진다
내 얼굴이 보인다.

이슬

풀잎 끝에 맺힌
작은 너의 눈물

밤새 못 다한 이야기 남아
그렇게 빛나는 걸까?

작은 세상이 그 안에 다 담겨 있는데
만지면 부서질까 바라만 보네

금세 사라질 약속 같아
더욱 눈부신 너.

돌담

너를 만나러 가는 길

날이 저물어 어두운데
서쪽에서 동쪽으로
돌담을 따라 걸을 때
멀리서 들려오는 종소리

돌담 끝에
그리운 네가 있었으면 좋겠다

보고 싶었다고
그리움을 울린다면
더 좋겠다.

덩굴

어디로 가야 할까 가만히 손을 뻗어
허공에 이리저리 흔들다
가녀린 줄기 하나 감아 올렸지

어제보다 오늘 더 높이 올라
닿고 싶었던 저 하늘 가장자리

그렇게 오르고 감아 오르다
문득 알게 되었어

그 모든 흔들림 끝 기댈 수 있는
사랑 많은 세상이
바로 당신임을.

사랑이란

내 안에 있던 마음이
온통
너를 향해 가는 것

얼굴이며 가슴에
꽃을 피운 채.

꽃피는 날에는

차가운 가지 끝에
피어난 작은 떨림

때론 침묵조차도
넉넉한 소통이 된다.

꽃밭에서

꽃밭 앞에서
괴로움을 내려놓았다

기쁨도 내려놓고
바쁜 일상도 내려놓았다

내려놓고 보니
모두 그대 생각이었다

꽃이 더 활짝 피었다.

별

그리움이 모여
별이 된다 했는데
오늘 밤
하늘에 별이 가득합니다

혹시 그대도
날 생각하며
별을 달았나요?

기다리는 밤

보름달 앞에서
문을 열어 줄 때까지
숫자를 세고 있습니다

그리움 앞에 놓아
그대 생각을 셉니다.

우리

봄이 나비를 담듯
여름이 비를 담듯
가을이 낙엽을 담듯
겨울이 눈을 담듯

나는 당신을 담고
당신은 나를 담았네요.

꿈

오랫동안
꿈을 꾼 사람은
그 꿈을 닮아 간다죠

오늘도 한 발짝
꿈을 향해 나아갑니다

한 걸음 더
꿈에 다가섭니다

가다가 다시 보니
그대 향해 가고 있어요

그러니 내가
생각까지 당신을
닮아 갈 수밖에요.

모란

무심히 지나친 화단에
진분홍 모란 활짝 피었다

찌푸린 얼굴 펴고
자기처럼 웃어 보라고
웃는 모습 내민다

꽃처럼 웃다가
가슴을 열었다

늘 나를 웃게 만드는
그대도
지금 모란처럼 웃었으면.

들꽃

어느 날 문득
들꽃이 보였다

매일 지나다니는 길인데
어쩌다 오늘에야 보였을까?

카메라에 담는다
담고 보니
그대 얼굴이다

바쁜 일상에 가려진
웃는 얼굴이다.

제비꽃

제비꽃이 피었다

겨울 지나
땅 끝에서 보랏빛으로 피어

작지만
가만히 힘이 된다.

산수유

너는
겨울 지나고 만나는
첫 번째 봄꽃

꽃등에 불을 밝히듯
노랗게 떠오를 때면

내 마음속 그대도
햇살처럼 피어올랐지.

캘리그라피

화선지 가득 빛나는 별이
나만의 우주인 것은
그 별이
당신이고
그 우주
내 가슴에 있기 때문입니다.

수묵화

붓에 먹물을 듬뿍 묻혀
화선지 위를 달립니다

안개 자욱한 강이 나오고
뚝뚝 떨어지는 먹물에
꽃이 핍니다

내 안에
향기가 담깁니다

당신 생각으로 가득한
그래서 더 행복한
늦은 오후.

앵두

작다고
사랑까지
작지는 않아요

내 안에는
온통 사랑뿐인 걸요

그 사랑
너무 많아
단단하게
눌러 담았는 걸요.

백야

풀벌레 소리도 깊이 잠든 밤
서걱거리는 가슴을 안고 들길에 섰다

가슴 구멍에서
바람이 솔솔 새어 나올 것 같아
가만히 입술을 깨문다

눈을 감으니 더욱 또렷해지는
올올한 너의 모습
붙잡으려 손 내밀면
저만치 멀어져 간다

시린 달빛 바라보다
고개를 꺾는 밤.

봄밤

늦은 밤
잠을 이루지 못하고
눈을 말똥거리고 있는 것은
피곤하지 않아서가 아니야
날 잠 못 들게 만드는
그대 생각 때문이지.

4월의 봄

봄은 이쁘다
누가 뭐래도

첫사랑처럼
새콤달콤하고
창가 고양이나
들판의 아지랑이처럼 아련한다

봄은
그런 거다.

너를 사랑한다는 것

너를 사랑하는 일은
세상을
기쁨으로 채우며 살아가는
최고의 방법이다

너를
사랑해 보고 알았다.

제2부

버스킹, 그 거리의 멜로디

꽃이 된다는 것

꽃이 색을 잃는다면
이미 꽃이 아니다
그리움에
그대 생각이 없으면
그리움이 아니듯.

너에게 가는 길

봄은
나무들 사이사이에 놓인
징검다리

햇살이 징검다리를 건너
내 가슴에 담겼다

햇살이 나를 만나듯
나도 너를 만났으면 좋겠다.

그리움 1

소쿠리에 밤을 담듯
그대 생각을 담는다

바람결에 실려 온
낮은 숨결도 모아보고

햇살 아래 반짝이는
작은 기억도 주워 담는다

어느새 손끝에 번지는
그리움 한 줌
조심스레 열어 본다

그대 마음 한켠에
내 마음도 살며시 스며들길 바라며.

그리움 2

내 안에
네 생각이 차올라
만조를 이룰 때면
가슴에 구멍이 났었지

사랑한다는 말
보고 싶다는 말
그립다는 말
저절로 새어 나왔지.

빗소리

비가 오는 날
우산을 들고
듣는 빗소리는
심장을 두드리는 난타

사랑해
보고 싶어
그리워
기다렸어
리듬까지 맞추면서.

봄비

봄비
잠든 꽃잎을 흔드는데
왜 내 그리움이 흔들리지?
봄비를 따라가며
소리치는 말
"보고 싶어도
우산은 가져가야지!"

미소

너의 미소는
마음의 치료약

가난한
나의 빈 뜰을
가득 채우지.

비타민

비타민 한 알
컵에 넣었다
보글보글 녹아내린다

그대 생각으로
내 가슴도 보글보글
녹아내리는 걸 보면

나의 비타민은
역시 당신!

나비효과

몸에 상처가 나면
밴드를 붙이고

마음에 상처가 나면
보고 싶은 사람을 떠올린다

내가 해 보니
둘 다 효과가 있다.

실수

어렵다 어렵다
못한다 못한다
버릇처럼 말했는데

할 수 있다 할 수 있다
이 말에
두 눈이 번쩍

마음속에
이 말 듣고 있던 자신감이
서로 나가겠다며
가슴은 울렁울렁
심장은 두근두근

토닥토닥!
내 안의 나를 다독이며
오늘도 다시 한 걸음 내딛는다.

청춘

당신은 지금
어느 계절을 살고 있나요?

삶을 아름답게 하는 건
우리의 열정

날마다
봄날인 듯
언제나
청춘인 듯

우리 그렇게 살아요.

너와 나의 온도

햇살 한 줌조차
무거웠나?
넘쳐흐른 눈물에
잠겼었나?
창가에 기대선 작은 숨결이
빛을 잃고
고개 떨구네

애써도
채워지지 않는 갈증
깊은 목마름

멈춤 없는 마음의 물조리개
때로는 뿌리를 썩게 하네
사랑이라 믿었던
바로 그 자리에서.

별과 나

당신의 마음을
가득 채우는
달로 뜨지는 못했어요

그래도
가슴 한 켠 데울 수 있는
별이라도 되었으니.

해볼려고

해볼려고?

응!
나 끝까지
해볼려고

좋아하니까
사랑하니까.

깨어나라 희망

겨울이 지나가는 길
부러진 가지 끝에
움튼 싹을 보았다

봄이 오면
꽃으로 필 하루하루
간절히 기도하고 있는.

밀당의 고수

밀당이 필요해
너무 가까우면 밀고
멀어지면 당기고

하지만 고수라도
밀다가
넘어지지 않게
정신 바짝 차려야 해.

거리두기 연습

알아,
이 거리가 딱 적당한 온기라는 걸
그래서 한 발짝 뒤로 물러섰는데
사실 좀 무서워
네가 정말 멀어져 버릴까 봐

능숙한 척 웃지만
이 모든 게 네 곁에 더 있고 싶은
서투른 나의 진심인걸.

향기

세상에서
사람의 향기가
가장 향기롭다 했는데

그 향기에
나 벌써
취했나 봐

너
너무 예뻐 보여.

사랑에 대하여

나는 알 수 없지만
너를 통해 배워

때론 아프고
때론 눈부신
이해할 수 없는 끌림

네 손을 잡으면
비로소 나 자신이 되는 순간.

어린 딸에게

너의 작은 가슴에
얼굴을 묻고
두근두근대는
작은 심장 소리를 듣는다
규칙적인 심장의
울림을 들으니
비로소 고요해진다.

틈

빛과 어둠의 경계는
어디쯤일까?

빛은 때로 산란하고
빛은 때로 굴절되니…

그 사이 어디쯤 서 있는
지금은
어느 내가 나일까!

산다는 것

가늘고 길게든
짧고 굵게든

둘을 더하고 빼든
둘을 곱하고 나누든
우린 어떻게든 살아낸다

하나씩 알아가고
한걸음씩 다가가고

그렇게
즐거움을 만들어 가는 것

이게 네가 준 행복이다

아니
너에게도 주고 싶은
선물이다.

몽당연필

연필처럼
당신을 떠올릴수록
그리움이 줄어들 줄 알았는데
오히려
더 깊어졌습니다

그럴 수밖에
그리움은
쓸수록 줄어드는
연필이 아니니까.

버스킹, 그 거리의 멜로디

헤드폰을 벗고 고개를 드니
뜻밖의 선율이 마음을 두드리네

고요히 눈감고 부르는
청량한 소녀의 목소리
어색한 듯 수줍은 미소

힘든 하루 끝,
지친 어깨를 토닥여 주는
작은 위로 같은 거리의 멜로디.

제3부

내 안에 핀
그대라는 꽃

손안의 이야기

손을 뻗으면 언제나 닿는 곳
너는 늘 그곳에 있지

눈뜨는 아침부터
별 지는 밤까지
나의 모든 순간 속에

가장 가까이 있는 너에게
가끔은 묻고 싶어져

너 혹시 내 애인이냐고.

인생 커피

쓰고 달고
맵고 짜고
시고 고소하고

하지만
그대 생각을 넣으면
무조건
달콤하다는 사실!

책갈피

책갈피는
책을 읽다가 멈추었을 때
그곳을 찾기 위해
끼워 두는 거지요

당신과 나 사이에도
책갈피가 있었으면 좋겠어요

다툼이 생겼을 때
그곳을 표시하고
다시 돌아가
해결점을 찾을 수 있게.

담쟁이넝쿨

벽을 오르는
담쟁이넝쿨

바람길 따라
쉼 없이 오르고
또 흐르다 보면

언젠가
너의 가슴에
발을 들여놓겠지
그런 날 오겠지.

짜장면 가게 앞에서

우리 동네 짜장면 가게 앞에
포도가 주렁주렁 열렸다

오가는 사람들
눈길을 잡아끈다

이 계절
그대 생각도
포도처럼 열렸는데

짜장면 가게 앞에서는
조심해야겠다.

거울처럼

엄마가 보고 싶을 땐
거울을 들여다봅니다

눈, 코, 입을 따라
손가락으로 그려 갑니다

손가락이 지나가는 자리마다
그리움이 꽃을 피웁니다

금방
꽃밭이 됩니다.

보름달 1

그대여
문을 열어 주십시오

둥글어 둥글어
손잡이도 없으니
열 수도 없고

문밖에서
동동
문만 두드립니다.

보름달 2

보름달 앞에서
문을 열어 줄 때까지
숫자를 세고 있습니다

그리움 앞에 놓아
그대 생각을 셉니다.

사랑은 그네

가까워지면 웃고
멀어지면 찡그린다

하늘 높이 올라가면
더럭 겁이 나고
아래로 곤두박질치면
한없이 가라앉는다

손을 놓고 보니
작은 바람에도
혼자서 흔들리는
사랑은 그네!

그대라는 꽃

따뜻한 봄날
민들레 홀씨처럼 다가와
눈부신 꽃을 피웠지
그대라는 꽃!

그 꽃
지금도 내 안에 피어 있지.

해바라기

늘
해만 보던 너였는데

오늘은
조용히
고개를 숙였구나

말 안 해도
알겠어.

닮은꼴

비 갠 날
웅덩이에는
하늘 풍경이 채워지고

그런 날
나의 마음은
네 생각으로 채워지고.

도넛과 커피

도넛과 커피는
떼려야 뗄 수 없는 사이다

바로
당신과 나처럼
달콤한 우리 사랑처럼.

그대 웃는 얼굴

가위로
색색이 그려진
하트를 오렸습니다

하나 둘 셋…
모인 하트를
종이에 붙였습니다

붙이고 보니
앗!
그대 웃는 얼굴입니다

오늘도
성공입니다.

가을바람

조그마한 틈으로
슬며시 들어와
막을 새도 없이
나를 흔드는 너

너
혹시
혹시?

봄이 오는 소리

자박자박
심장 속 그리움을
지그시 밟으며
다가오는 소리!

너였으면
내 안에 꽃으로 핀
그리움 속 너였으면.

단풍

가을 햇살엔
나뭇잎도 꽃으로 보이듯

그대 웃음 한 번이면
버석거리는 내 마음에
다시 꽃이 필 것만 같은데

그대 좋아하는 내가
나도 좋아한다는
그 말
안 기다릴 수 있겠니?

코스모스에게

해를 바라보듯
코스모스를 본다

꽃이 예뻐
내 가슴에 담는다

코스모스에게
미안하지만
그대 이름을 붙였다.

낚시

망망한 바다에
낚싯대를 드리웠다

가장 힘이 드는 건
기다리는 일!
슬쩍슬쩍 낚싯대를 움직인다

소식 없는 입질
포인트를 찾기 위해
자리를 옮겼다

그래
초보 낚시꾼에 잡혀 준 당신
너무나 고맙다.

은방울꽃

줄기 끝에 매달린
하얀 종들이
바람결에 흔들린다

보고 싶단 고백이 부끄러워
소리 없이 울린다.

늘 곁에 맴도는

바람이 되고 싶었어
연못에 구름을 담아
고요히 머물다 가고 싶었어

어느 날
그리운 이의 머릿결에
바람처럼 스칠 때
그대가 돌아봐 준다면

그것으로
그것만으로도
행복할 것 같아서.

나를 찌르는 가시

우연히 던진
네 말 한마디가 나를 찌른다

어제의 다정함은 어디 갔을까?
몇 번을 헤아려도 알 수 없다
지금 너는 분명
어제의 네가 아니다

금이 간 얼굴
금이 간 마음
그리고 심장에 박혀 있는
차가운 가시 하나

가시를 뽑는다
'그럴 수 있어!'
애써 웃으면서 상처를 지운다
다시 꽃으로 핀다.

꽃이 핀다

내 안에 작은 봉오리는
그대 숨결 없이는
결코 입을 열지 않았을 거예요

오직 그대라는 이름으로
터져 나오는 빛깔들

내가 나 자신으로
세상에 피어나는 순간
그대, 나의 가장 아름다운 이유!

제4부

길을 가다 민들레에게 묻다

풍선

풍선을 불었습니다
나를 잠 못 들게 만든
당신 생각으로
더 힘껏 불었습니다

풍선이 터져
당신 잠 깨우면
혹시 알아요?
당신도 잠시 날
생각해 줄지.

고백

가슴이 두근두근
손바닥에 땀이 난다

심장소리가
귓가를 울린다

떨리는 목소리로
툭 튀어나온 말
"좋아해도 될까요?"

수박

수박을 앞에 두고
이리저리 들여다본다

보면 볼수록
무뚝뚝함이
당신을 닮았다

속은 깊고
포근한 당신

알고 보면
속마음은
달콤한 수박 속을 닮았다.

여름 감기

감기가 왔다
여름인데
감기 너
눈치도 없니?

어쩌자고 사시사철
그대 생각을 불러내니?

파도

멀어지는 파도에
내 마음 얹었더니
다가오는 파도에
그대 마음 실렸네요

파도 끝 포말은
그대의 속삭임

내 가슴에 부딪치며
"사랑해!"
"사랑해!"
답도 없이 외치네요.

가을비 내린 후

가을비 그친 후
웅덩이에
파란 하늘이 담겼다

아니 아니,
내 가슴에 담긴 웅덩이에
네가 있다

보고 싶은
네 얼굴이 있다.

가을비 내리던 날

길목에서
서성이던 가을이
성큼성큼 걸어와
내 가슴으로 들어섰다

그대를 만났으니
내 안에도 곧
수줍게 단풍 들겠지.

나뭇잎 엽서

나뭇잎 하나
굴러와
얼굴 붉히며 말한다

그리우면
달려가라고
나를 만나듯이
그대를 만나라고.

낙엽 1

바람결에 흩날리는
저 붉은 기억들

붙잡는 것이 능사가 아님을
깨달았나 봐

고요히 대지 위에 내려앉아
새로운 꿈을 꾸네
고운 봄꿈을.

낙엽 2

바람 앞에
우수수 떨어지는 잎

아니요 아니요
떨어진 게 아니라
내려놓는 거예요

마음을 얻으려면
끝까지 붙들어야 하는
사랑과 달리

내려놓아야
푸르른 새날을 맞이할 수 있다는 걸
나무는 알고 있어요.

친구에게

비가 오면 비가 온다고
눈이 오면 눈이 온다고
단풍 물들면 단풍 곱다고
연락할 수 있었으면 좋겠다

보고 싶으면 언제나
찾아갈 거리에
네가 있었으면 더 좋겠다

너도 없는데
오늘 따라 달이 유난히 밝다.

짝사랑

너를 생각하는 마음은
한없이 부풀어
구름 위에 머물다
빗물 되어 떨어지지

내 가슴으로
그리움 속으로.

소나무

묵묵히
겨울을 견디는 소나무

오늘도
말없이 서 있지만

너를 보듯 든든하다.

목련

너의 하얀 날갯짓
봄이다
나비다

아니
너를 기다리다
꽃으로 핀
나다.

민들레에게 묻다

길을 가다 가만히 서서
너를 바라본다

너는 어떡하다 그 노란 마음을
오직 한곳에 두게 되었을까?

잡힐 듯 잡히지 않는 당신처럼
끝없는 수수께끼

홀씨를 날려 보내도
결국 마음은 제자리인 듯

당신처럼.

하루

물에 물 탄 듯
술에 술 탄 듯
살아가는 삶이라고
힘겹지 않을 리 없다
고단하지 않을 리 없다

석양이 지워지는
시간의 끝에서 잠시 멈춘다

그대 그리운
별이 된다.

조건

당신과 나 사이
지금 어디쯤인가요?

어디든 좋아요
지금처럼
그대만 있다면.

돌탑

돌탑이
무너지지 않도록
받쳐놓은
저 조그만 돌처럼

늘 나에게
힘이 되어 주는 당신에게
나도 이제
가슴 뭉클한 사랑이 되고 싶다.

겨울에 만난 단풍

이제 그만
헤어져야 할 시간

겨울 햇살 비칠 때
더 머물고 싶어도
놓아야 할 때는 놓아야 한다

다시 가을이 되면
그리움처럼
더욱 빛날 너를
웃으면서 만날 수 있게.

지금은 여행 중입니다

눈을 감아도 보이고
눈을 떠도 보이고
웃고 있는 너만 보여

주고받은 마음은
따뜻한 온기로 채워지고
나누었던 시간은
다가와 손을 잡는다

나는 지금
그대 생각 담고
선물 같은 그리움 속을
여행 중이야.

빨래

햇살이 속삭이는 아침
입었던 옷깃을
펼쳐 빨래합니다

빛바랜 추억
웃음 묻은 시간들
바람에 살랑이며 춤을 춥니다

물에 젖었던 기억은
바람결에 날아가고
햇살에 말리면
다시 따뜻해집니다

어제의 무게를 털어내고
오늘은 더 가볍게
하늘을 향해 나부낍니다.

은행잎

계절이 무르익을 무렵
너는 나비였다

한차례 바람이 불면
일시에 날아오른 듯
눈이 부셨다

가을을 보내는
네 모습은
아~

보내는 것이 아니라
그대 기억이
가슴에 담기는 것이었다.

겨울의 농도

잎사귀 떨어진 나무
살얼음 낀 웅덩이
해 질 녘 부는 바람
옷깃을 세워 걷는 발걸음

그 속에서
겨우 찾은
알알한 온기

너다
쉽지 않은
그러면서 사랑이 된 너.

제5부

옛날, 그길 위에서

지나간 자리

어떤 아픔은 말없이 흘러가고
어떤 이별은 결국 추억으로 남죠

시간이 많은 것을 데려갔어도

내 안의 당신만은
여전히 빛나고 있습니다

이대로,
세상 속 유일한 진심처럼.

노을

해 뜨는 아침보다
노을 지는 저녁이 좋다면
지나가는 시간 앞에
겸손해졌다는 뜻이다

노을이 보이는 카페에 앉아
커피잔에 하루를 담다 보면
그 하루가 꽃으로 핀다

그러다 가끔 그 꽃이
보고 싶은 사람 얼굴이 된다면
지금 참 아름다운 사랑을
하고 있다는 의미가 된다.

나이 듦에 대하여

나이가 든다는 것은
살아온 날들보다
살아갈 날들이
짧아진다는 것을 의미한다

조심스럽게 걷게 되고
아쉬움에 뒤돌아보게 되고
매순간이 애틋하다

하지만 나이 듦은
더 아름다운 사랑을 할 수 있게
서로의 시간에
따뜻한 온기를 채워가는 것이다.

초록색 블라우스

계절의 변화는
여인의 옷차림에서 시작된다지
겨울을 지나면서
'무엇을 입을까?'

옷장을 기웃거리다가
손에 잡힌 초록색 블라우스에
싱그러워진 표정

마음이 앞서 달린다
'너를 만나면
얼굴 가득 분홍꽃 피겠지.'

훗날, 그 길 위에서

우리가 걸어온 길이
삶의 고운 한 부분이 되도록
멈추었던 발걸음 자리에
작은 꿈들을 심었습니다

훗날, 심었던 꽃들이
곱게 꽃피는 날
지나온 길 위에서
지금의 나를 다시 만날 수 있도록.

과속

규정 속도를 어기면
울리는 소리
당신만 보면
빠르게 뛰는 심장

경고음은
따라야 좋고
뛰는 심장은
그대로 두어야 좋고.

그냥, 툭

널 더 많이
더 깊이 좋아하게 될수록
네 침묵은 자꾸 길어지네

있잖아
그냥, 툭 말해 줘
사랑한다고.

매화

네가 찾아오는 날엔
통도사 풍경 소리에도
향기가 실렸다
바람 타고 날아오는
봄의 첫발자국인 양.

금둔사

순천 금둔사
타종 소리
댕그렁, 댕그렁

떨어진 동백의 마음
붉게 흔들리다
끝내 그리움을 울린다

금둔사 골짜기 가득
그리움이 물결치며
댕그렁, 댕그렁 번져 간다.

모닥불

모닥불 피운 곳이
해변이 아니라도 좋아요
그대와 함께라면

왁자지껄!
사람들이 모여 있지 않아도
상관없어요
당신이 있으니까

당신이 나에게
모닥불이 되고
내가 당신에게
모닥불이 되면 되니까.

길치 1

낯선 길에 들어서면
바짝 긴장이 됩니다

걸어가면서도
이 길이 맞는지 자꾸 돌아봅니다

길을 잘 모르니
돌아보지 않을 수 없지만
돌아본 그곳에
당신이 있다면…

그렇게 생각했더니
좋아서
웃음이 나옵니다.

길치 2

길치라고
사랑까지 서툰 건
아닙니다

마음 받아준다고
사인만 보내세요
눈 감고도 달려갈 수 있으니까.

발자국

우리 눈길을
걸어볼까?

가장 선명한
발자국이 남도록

그리움 속으로
그 속으로.

둘레길

당신은 둘레길
앞으로 가도 당신
뒤로 돌아가도 당신

인연을
실타래처럼 엮으며
가고 오는 길을
기분 좋게 만드는
둘레길 같은 당신!

엘리베이터

손대지 마시오
기대면 추락 위험!

그러나 당신은
위험해도
기대고 싶은
내 사랑인데
어쩌죠?

새우튀김

바삭바삭
잘 튀긴 새우를 먹다가
바삭바삭
낙엽을 밟고 걷던
그대 생각이 났다

바삭바삭!
어디선가
잘 살고 있겠지?

연병장에서

넓은 연병장에서
아들의 뒷모습을 찾기란?

카메라 렌즈로 한 사람 한 사람
그 익숙한 어깨를 어루만진다

비슷비슷한 모습 사이로
아들을 알아본 순간
마음이 놓였다

그리고 문득 깨닫는다
저마다의 뒷모습 속 모두가
누군가의 아들임을.

비밀번호

처음은 다 낯설고 어색해
금방 친해지기는 어려워
오랫동안 안 보면
잊기도 해

자주 쓰고
기억하다 보면
어느새 친해져 있지

우리
사이처럼.

함께

함께인 우리는
두렵지 않지
사랑으로
시린 일상을 데우며 살아가니까

괜찮아
이겨 낼 수 있어
그 온기에
꽃까지 필 수 있어.

엄마를 그리며

새벽마다 당신을
불러봅니다

잠들기 전 또 한 번
당신의 안부를 묻습니다

부재를 통해 당신의 의미를
생각하는 시간

한없이 당신의 안부를
묻는 시간, 그 새벽

뿌리 없는
뿌리 잃은

내 마음 내려놓는 시간.

약속

바람이 살랑이는 것을 보니
당신이 오려나 봅니다

약속 시간은 아직 멀었지만
새벽 배송처럼
빨리 왔으면 좋겠습니다

거울 앞에서
이 옷 저 옷 입어 봅니다
당신을 만날 땐
가장 예쁜 모습이고 싶습니다

그런데
이를 어쩌죠?
그대 생각이 옷이고
내 마음이 거울인걸

입는 옷마다
다 마음에 드는걸.

선물

생일 선물을 샀습니다.
분홍 리본으로 곱게 포장했어요

약속 시간보다 일찍 도착해
당신을 기다리며
창가에 앉았습니다

창문에, 기뻐하는
당신 얼굴이 그려집니다

그 얼굴 보고 기뻐하는
내 모습도 보입니다.

참을 수 없는 존재의 가벼움

나에게 너는
봄날 핀 민들레꽃

나에게 너는
여름 풀잎에 맺힌 이슬

나에게 너는
잎새 떨구는 가을 낙엽

나에게 너는
추위를 녹이는 여린 햇빛

그 무엇도
바꿀 수 없는.

기다린다는 것

손가락 끝을
빨갛게 물들이고
첫눈 내리길 기다린 적 있지요

첫눈이 내릴 때까지
자국이 남으면
사랑이 이루어진다고 해
꿈속에서조차
마음을 열어 두고 기다렸지요

오랜 시간이 지나서야
내 곁으로 찾아온 그대!
그럴 줄 알았으면
천천히 기다릴 걸 그랬어요

아니, 아니지요
기다렸으니 당신이 오셨지요
기다리길 잘했지요.

행복한 엔딩

눈을 감아도 생각나고
눈을 떠도 생각나고

손을 뻗으면
닿을 것처럼
늘 가까이 있는 당신

보고 있어도
보고 싶은 당신은
나에게 인연이 준 선물!

베개

막내딸은 엄마가
참빗으로 머리를 빗겨 주면
금방 잠이 들었습니다

엄마 얘기 소리 자장가 삼아
무릎베개 자고 나면
긴긴 겨울밤도
금방 아침이 되었습니다

오늘처럼
잠이 오지 않는 밤엔
자장가처럼 들려오던
엄마 목소리가 그립습니다

기억에서
살며시
엄마 생각을 꺼냅니다
펼쳐놓고 누울
그리움도 꺼냅니다.

지금은
여행중입니다